AF335970

PROJET DE LOI

SUR

L'EXERCICE DE LA PHARMACIE

AMENDEMENTS

proposés par

LA SOCIÉTÉ SYNDICALE DES PHARMACIENS

DE LA CÔTE-D'OR

Dans sa séance générale du 10 Octobre 1890

ET

EXPOSÉ SUCCINCT DES MOTIFS DE CES AMENDEMENTS

DIJON

IMPRIMERIE DARANTIERE

65, RUE CHABOT-CHARNY, 65

1890

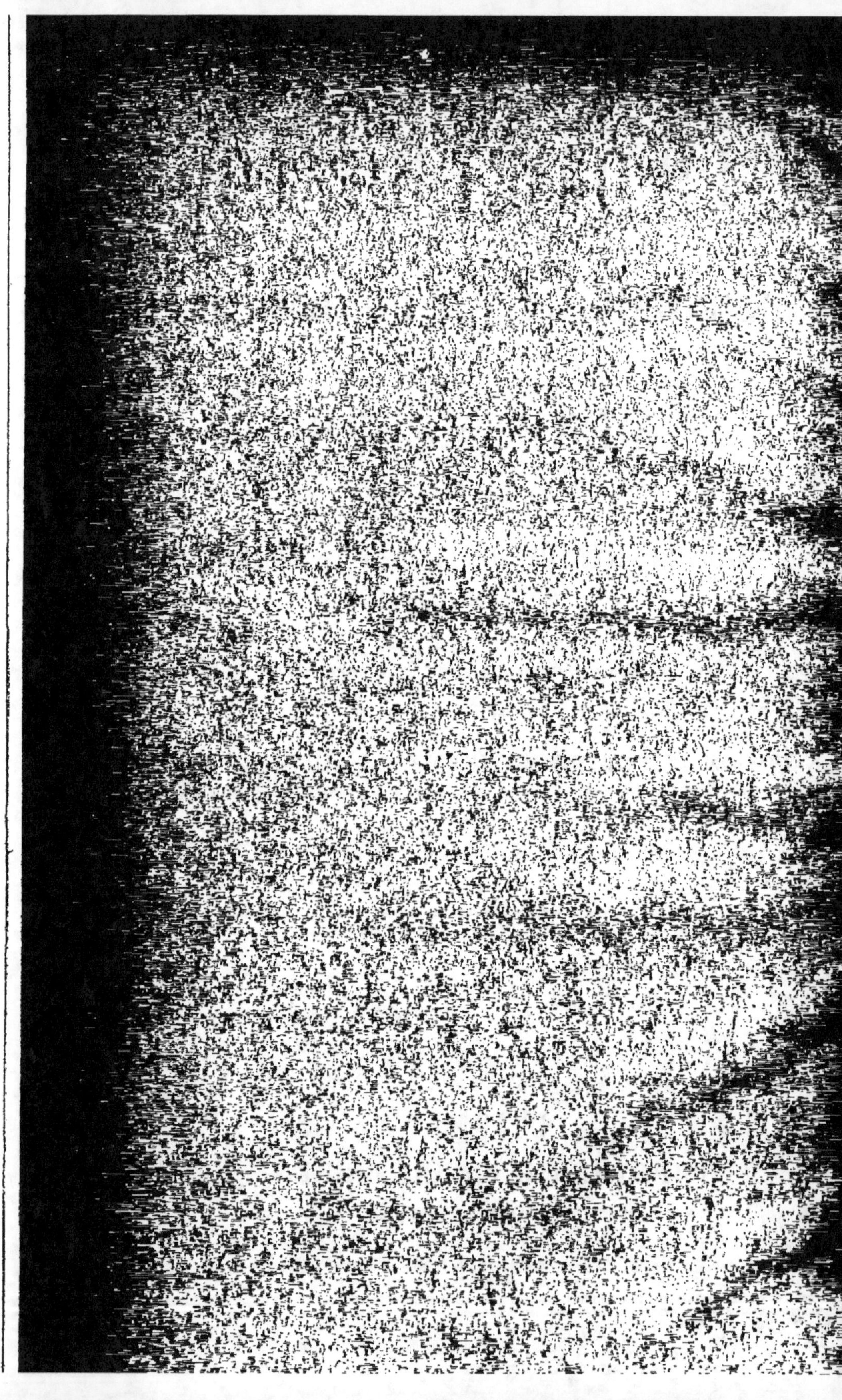

PROJET DE LOI

SUR

L'EXERCICE DE LA PHARMACIE

AMENDEMENTS

proposés par

LA SOCIÉTÉ SYNDICALE DES PHARMACIENS

DE LA COTE-D'OR

Dans sa séance générale du 16 Octobre 1890

ET

EXPOSÉ SUCCINCT DES MOTIFS DE CES AMENDEMENTS

DIJON

IMPRIMERIE DARANTIERE

65, RUE CHABOT-CHARNY, 65

1890

1*

EXPOSÉ SUCCINCT DES MOTIFS

POUR LESQUELS

LA SOCIÉTÉ SYNDICALE DES PHARMACIENS

DE LA CÔTE-D'OR

propose les modifications ci-dessous au Projet de Loi sur l'exercice de la Pharmacie :

M. Hébert, rapporteur

La meilleure loi sur l'exercice de la pharmacie sera celle qui tiendra le plus grand compte des Intérêts du public.

Ce serait une grave erreur de croire les intérêts du public absolument opposés à ceux du pharmacien.

En effet, le public est intéressé plus particulièrement:

1° *A avoir à sa portée, au moins au chef-lieu de canton, une pharmacie pourvue de tous les médicaments nécessaires et gérée par un homme d'une compétence reconnue ;*

2° *A trouver à cette pharmacie les médicaments en bon état de fraîcheur et à des prix non exagérés ;*

Enfin, 3° *A être protégé par la puissance publique contre les entreprises du charlatanisme, quelle qu'en soit la forme.*

Pour arriver à ces trois résultats, il faut, de toute nécessité, réserver au pharmacien seul la préparation, la vente et le débit de tous les médicaments, de manière à assurer au praticien de campagne un chiffre d'affaires qui lui permette de vivre, aux pharmaciens de petite ville un chiffre qui permette l'existence simultanée de deux ou plusieurs officines empêchant par leur concurrence l'exagération des prix ; enfin il faut empêcher la formation de grandes fabriques de médicaments, bien haut déclarés inoffensifs, mais en réalité tout au moins inutiles, fabriques qui profiteraient du bénéfice de l'article 12 du projet de loi pour inonder tous les épiciers de la campagne et des villes, sans compter les grands magasins et les bazars, de médicaments inertes, à bas prix, mais à réclames des plus pompeuses.

C'est pour ces motifs que la *Société syndicale des Pharmaciens de la Côte-d'Or* a l'honneur d'appeler l'attention du Parlement sur les modifications ci-dessous :

ARTICLE 1. — Si l'on supprime les pharmaciens de seconde classe, il est nécessaire de faire subir les examens probatoires devant les Écoles supérieures de Pharmacie et les Facultés mixtes de Médecine et de Pharmacie qui, seules aujourd'hui, font subir les examens de pharmaciens de première classe.

Si, comme le désirent certaines personnes, on maintient les pharmaciens de deuxième classe, créés pour exercer plus particulièrement dans les campagnes, il est nécessaire d'y ajouter les Écoles de plein exercice et les Écoles préparatoires.

ARTICLE 2. — Les pharmaciens de deuxième classe étant maintenus, maintenir également l'obligation de n'exercer que dans le département pour lequel ils auront été reçus. Leur permettre d'exercer dans toute la France et de subir leurs examens probatoires devant n'importe quelle École abaisserait rapidement le niveau des examens par la concurrence plus ou moins inconsciente des Écoles entre elles.

ARTICLE 4. — Rédaction faisant disparaître le mot « commerce », afin qu'il soit bien compris que l'exercice de la pharmacie n'est pas un commerce dans le sens légal du mot, et est soumis à d'autres lois que les lois commerciales ordinaires.

ARTICLE 5. — Le paragraphe 2 commence par une amphibologie. On pourrait soutenir que du moment où un commerce quelconque, celui de la droguerie, par exemple, est annexé à une fabrique en gros de médicaments, cette fabrique échappe aux obligations de l'article 5. La rédaction proposée fait cesser cette équivoque.

ARTICLE 6. — Les modifications proposées s'expliquent d'elles-mêmes.

ARTICLE 8. — Les médicaments non urgents, — et ce sont les plus nombreux, — doivent être fournis par le pharmacien établi à moins de 10 kilomètres ; les médicaments urgents ou destinés à des malades résidant à plus d'un myriamètre de toute officine pourront être délivrés par le médecin traitant.

L'humanité exige que, sous prétexte d'exercice illégal de la médecine, un pharmacien ne puisse se dérober à l'obligation de porter, en l'absence du médecin, les premiers secours à tout blessé, à tout malade amenés dans son officine.

L'exception faite au profit des vétérinaires ne doit pas porter atteinte au pharmacien ; de là l'adjonction au 2e § des mots « *concurremment avec les pharmaciens* ».

ARTICLE 9. — « *Sur la demande expresse de l'acheteur* » est de trop : le pharmacien ne doit pas être mis dans l'obligation de faire cette preuve, impossible dans l'immense majorité des cas.

2e § Le «*nom*» ne suffit pas, il faut encore « *la dose* » de la substance active ou des substances actives.

De même au 4e § le dépôt à l'Académie de Médecine est insuffisant, si la formule n'est pas publiée dans le bulletin de ce corps savant. Conçoit-on les pharmaciens de province obligés de faire le voyage de Paris pour « *prendre connaissance* » d'une formule déposée, avant de pouvoir préparer et délivrer le médicament? Il faut aussi permettre à tout pharmacien de désigner ce médicament sous la dénomination même employée par l'auteur de la formule, tout en l'obligeant à respecter les signes distinctifs qui constituent la marque de fabrique.

ARTICLE 11. — L'article 5 s'est occupé de la préparation et de la vente en gros des médicaments. L'article 11 en même temps que du dépôt, de la vente et de la distribution au détail, doit s'occuper aussi de la préparation en détail ou en petite quantité.

ARTICLE 12. — Tel qu'il est rédigé, cet article serait *la ruine complète et à bref délai de la Pharmacie* : permettre à quiconque de vendre ou de distribuer les médicaments sans danger et d'un usage courant réduirait le pharmacien à la vente des médicaments dangereux ou d'usage rare. Les neuf dizièmes des pharmaciens auraient fermé dans l'année, contrairement aux intérêts bien entendus des populations par eux desservies.

Supprimer, si l'on veut, les herboristes et rendre libre la vente des végétaux indigènes non vénéneux.

ARTICLE 13. — Choisir les inspecteurs de la pharmacie parmi les pharmaciens de première classe ayant l'expérience et la pratique de l'officine civile : ce n'est pas dans une pharmacie d'hôpital que l'inspecteur a pu apprendre les exigences de l'officine ouverte au public.

ARTICLE 14. — Soumettre le pharmacien d'usine, de société, etc., aux mêmes obligations que le pharmacien civile est de la plus stricte équité.

2e §. A modifier suivant la modification de l'article 12.

3e §. Même observation qu'au § 1er — Le principe est qu'un hôpital ne puisse vendre des médicaments au dehors. Par exception, on lui permet la délivrance gratuite de médicaments *aux seuls indigents* qui ont recours à la consultation externe : il est bon que le principe soit inscrit dans le texte même de la loi.

ARTICLE 15. — 1° Remplacer « *usuels* » par « *galéniques* », par opposition aux médicaments chimiques partout les mêmes, quel que soit le mode opératoire suivi.

3° A modifier selon les termes modifiés de l'article 12.

8ᵉ §. L'adjonction de deux vétérinaires à la Commission du Codex se comprend pour les formules relatives aux soins des animaux ; elle serait peu compréhensible pour celles relatives à la médecine humaine.

ARTICLE 16. — Doit détailler les cas d'exercice illégal de la pharmacie : aucun tribunal, avec la rédaction actuelle de l'article 16, ne pourrait condamner, par exemple, un épicier pour vente de médicaments, car il n'aurait pas, comme le veut l'article, exercé la profession de pharmacien.

2ᵉ §. Obligation de doubler l'amende si le contrevenant est médecin.

ARTICLE 17. — 3° Les usines, sociétés, etc, ne « *gèrent* » pas, mais « *possèdent* » une officine ; celle-ci est « *gérée* » par un pharmacien (art. 14.).

4°. Les fabricants ou commerçants en gros ne peuvent vendre qu'aux pharmaciens puisque ceux-ci ont seuls le droit de détailler : donc ils sont coupables en vendant à d'autres. — Rédaction modifiée selon la rédaction de l'article 12.

ARTICLE 22. — *Comme l'article 12, cet article 22 serait, s'il était adopté, la ruine de la pharmacie et le triomphe de l'exercice illégal par les religieuses, les épiciers, etc.* BIEN PLUS, IL EST L'ANNIHILATION COMPLÈTE DE LA LOI TOUT ENTIÈRE.

Le législateur sait fort bien que les infractions punies de plus de 15 francs d'amende et auxquelles l'article 463 est applicable sont des délits ; que le délit est constitué non seulement par un acte matériel puni par la loi, mais encore *par l'intention frauduleuse de cet acte.*

Une bonne sœur sera-t-elle poursuivie pour vente de médicaments ? Elle soutiendra n'avoir agi que par humanité et pour rendre service, amènera, s'il le faut, comme témoins, tous ceux qui dépendent d'elle par reconnaissance ou tout autre motif, et... sera acquittée.

Dans les cas graves, il sera fait par les tribunaux, habitués à voir défiler devant eux voleurs, vagabonds et escrocs, une large application de l'article 463 à des infractions qui n'entachent en rien l'honneur, et une condamnation à un franc d'amende viendra encourager la bonne sœur ou l'épicier à se moquer de la loi et à en enfreindre les prescriptions.

Il faut donc absolument, des infractions à la loi sur l'exercice de la pharmacie, faire des *contraventions* qui, par le taux des amendes encourues, devront être jugées par les tribunaux correctionnels.

Qu'on ne vienne pas soutenir que l'infraction punie de peines correctionnelles est, toujours et quand même, un délit. Notre législation à toutes les époques a reconnu les contraventions punies de peines plus fortes que les peines de simple police.

Sans remonter à la loi de germinal an XI et à celle de pluviôse an XIII, n'avons-nous pas, à une époque plus rapprochée de nous, la loi de 1844 sur la police de la chasse, et, *toute récente encore,* celle sur les candidatures multiples, dont la moindre peine est une amende de 10.000 francs, sans application possible de l'article 463 et sans possibilité pour le juge d'apprécier l'intention ?

Le fait matériel prévu par la loi étant seul constitutif de la contravention et l'honorabilité du contrevenant n'étant pas enjeu, l'article 463 ne doit pas être applicable et le juge devra graduer la peine entre le maximum et le minimum fixés par la loi.

Dispositions transitoires. En cas de suppression des pharmaciens de 2ᵉ classe, ne pas permettre à ceux actuellement reçus d'exercer sans nouveaux examens dans un autre département que celui pour lequel ils ont été reçus.

Certaines Écoles préparatoires, en effet, ont maintenu assez haut le niveau des examens pour protéger la santé publique dans leur région. D'autres ont été bien plus faciles et ont admis à peu près tous les candidats qui se présentaient devant elles. Ces dernières régions regorgent de pharmaciens de 2ᵉ classe qui seraient très heureux qu'une disposition transitoire leur permît de transférer leur officine dans les premières où les postes sont meilleurs par suite d'une moindre concurrence.

PROJET DE LOI

SUR L'EXERCICE DE LA PHARMACIE

AMENDEMENTS

Proposés dans l'intérêt bien compris du public et des Pharmaciens par la Société syndicale des Pharmaciens de la Côte-d'Or.

Projet de la Commission	Amendements
ARTICLE PREMIER. — Nul Français ou Etranger ne peut exercer la profession de pharmacien s'il n'est pourvu d'un diplôme de pharmacien délivré par l'Etat après épreuves subies *devant les Ecoles supérieures de pharmacie ou devant les Ecoles de plein exercice de l'Etat.*	ARTICLE PREMIER. — Nul Français, etc....., *devant les Ecoles supérieures de pharmacie, ou devant les Facultés mixtes de médecine et de pharmacie, de l'Etat* (1).
ART. 2. — Désormais, il ne sera plus délivré qu'un seul diplôme de pharmacien.	ART. 2. — (2).
ART. 3. — Tout pharmacien, avant de prendre possession d'une officine déjà établie ou d'en établir une nouvelle, devra en faire la déclaration et produire son diplôme au préfet du département ou au sous-préfet de l'arrondissement.	
ART. 4. — Aucun pharma-	ART. 4. — Aucun, etc.....,

(1) (2) Voir à la fin.

cien ne peut tenir plus d'une officine, *il ne peut faire dans son officine aucun autre commerce que celui des drogues et des médicaments, et en général de tous objets se rattachant à l'art de guérir.* Il doit avoir son nom inscrit sur ses étiquettes et sur ses factures.

Il doit, en outre, indiquer par une étiquette spéciale les médicaments destinés à l'usage externe. Le pharmacien est tenu d'avoir sa résidence habituelle dans la localité où il exerce sa profession.

Art. 5. — Aucune officine ne peut être exploitée en association que sous la forme de société en nom collectif entre pharmaciens diplômés. L'officine doit toujours être tenue personnellement par l'un des membres de l'association.

Tout établissement exclusivement consacré à la fabrication et à la vente en gros des produits pharmaceutiques pourra être exploité, soit par une société en commandite simple ou par actions dans laquelle le ou les gérants seront nécessairement pourvus du diplôme de pharmacien, soit par une société en nom collectif dans laquelle le ou les associés pharmaciens seront seuls chargés de surveiller la fabrication et responsables.

Art. 6. — Après le décès

Art. 5.

il lui est interdit d'y délivrer aucune autre substance, aucun autre produit que les drogues et préparations médicamenteuses, ainsi que les objets se rattachant à l'art de guérir.

Tout établissement consacré à la fabrication ou à la vente en gros des produits pharmaceutiques, à l'exclusion de la fabrication et de la vente au détail, pourra, etc.....

Art. 6. — Après le décès

d'un pharmacien, sa veuve ou ses héritiers pourront, pendant un temps qui ne doit pas excéder *une année* à partir du jour du décès, maintenir son officine ouverte en la faisant gérer, soit par un pharmacien, soit *par un élève agréé par la Faculté* ou l'Ecole siégeant dans le ressort de l'Académie où se trouve la pharmacie.

ART. 7. — L'exercice simultané de la médecine et de la pharmacie est interdit, même aux personnes pourvues du double diplôme, sauf l'exception prévue à l'article suivant.

Toute entente entre un pharmacien et un médecin dans le but d'exploiter une officine ou de vendre un médicament quelconque, est formellement prohibée ; toute convention par laquelle un médecin retirerait quelque gain ou profit sur la vente des médicaments effectuée par le pharmacien est nulle.

ART. 8. — Les médecins établis dans les communes où il n'y a pas de pharmacien *peuvent fournir sur place des médicaments aux malades près desquels ils sont appelés et dont la résidence est éloignée de 4 kilomètres de toute*

etc....., *deux années à partir, etc....., par un élève muni du certificat de validation de stage et agréé par la Faculté, ou l'Ecole, etc.....................*
Ajouter à l'article : *Dans le cas où le pharmacien décédé laisserait un fils en cours d'études pharmaceutiques, le délai sera prorogé jusqu'à l'achèvement de ces études dans un temps normal, à la condition que, durant cette prorogation, le gérant sera un pharmacien diplômé.*

ART. 8. — *Les médecins, etc....., pourront fournir, sur place, les médicaments d'une urgence absolue aux malades qu'ils visiteront à 4 kilomètres au moins de toute pharmacie, et des médicaments quelconques lorsqu'ils exerceront à* pharmacie, mais sans avoir d'officine ouverte. Dans ce cas, ils sont soumis à toutes les obligations résultant pour les pharmaciens des lois et règlements en vigueur, à l'exception de la patente.

Les vétérinaires diplomés ne peuvent tenir officine ouverte : ils sont autorisés seulement à préparer et à délivrer les médicaments destinés aux animaux confiés à leurs soins, tout en se conformant aux lois et règlements relatifs aux substances toxiques.

Art. 9. — Toute substance constituant un médicament simple ou composé sous quelle forme que ce soit, peut, sauf l'exception prévue par l'article suivant, être librement délivré par le pharmacien, *avec son étiquette et sur la demande expresse de l'acheteur*, et ce, sans qu'il puisse être dérogé aux lois sur l'exercice illégal de la médecine.

Le médicament ainsi vendu devra porter sur l'étiquette *le nom de la substance* ou des substances actives qui en forment la base.

L'obligation relative à cette indication ne s'applique pas aux médicaments préparés pour un

plus d'un myriamètre de toute officine. Ces médecins ne pourront avoir d'officine ouverte et n'en seront pas moins soumis à toutes les obligations, etc..... *Réciproquement, en cas d'urgence et d'absence de tout médecin, les pharmaciens pourront donner les premiers secours qui leur seront demandés.*

Les vétérinaires, etc..,..., *à préparer et à délivrer, concurremment avec les pharmaciens, les médicaments destinés,* etc.....

Art. 9. — Toute substance, etc. ..., *avec son étiquette, et ce, sans qu'il,* etc....

Le médicament, etc....., *le nom et la dose de la substance ou des,* etc.....

cas particulier sur la prescription d'un médecin, rédigée de manière à pouvoir être exécutée dans toutes les pharmacies. Elle ne s'applique pas non plus à ceux qui sont inscrits dans le Codex, à la condition qu'ils soient vendus sous la même dénomination que celle du *Codex*.

Aucun médicament simple ou composé, de fabrication française ou étrangère, ne pourra être livré au public sans que le nom ou la formule exacte et précise n'ait été déposée à l'*Académie de médecine*, si elle ne se trouve inscrite au *Codex*.

Tout pharmacien pourra en prendre connaissance et livrer la substance ou exécuter la formule, sauf à respecter la marque de fabrique adoptée par l'auteur de la formule.

Art. 10. — Sont exceptées des dispositions de l'article précédent les substances simples toxiques et les médicaments composés doués de propriétés vénéneuses qui sont nominativement désignés dans le décret du 8 juillet 1850, ou qui le seront soit dans le règlement d'administration publique prévu à l'article 23 de la présente loi, soit dans les décrets ultérieurs.

Ces substances ne pourront être délivrées par les pharmaciens que sur la prescription

Aucun médicament, etc....., n'ait été déposée à l'Académie de médecine et publiée dans son Bulletin, si elle, etc....

Tout pharmacien pourra exécuter ces formules et délivrer ces médicaments sous la dénomination même employée par leur auteur, sauf à respecter la marque de fabrique adoptée par cet auteur.

qui en sera faite par les médecins ou ceux qui ont le droit de signer une ordonnance.

Si les pharmaciens conservent l'ordonnance médicale, ils devront en délivrer, s'ils en sont requis, une copie certifiée conforme.

En outre, il sera dressé dans le *Codex* une *liste* de médicaments dont chaque délivrance ne pourra être faite que sur une ordonnance nouvelle.

ART. 11. — Nul autre que les pharmaciens ne peut *tenir en dépôt, vendre* ou distribuer en détail, pour l'usage de la médecine humaine ou vétérinaire, aucune préparation à laquelle sont attribuées des propriétés médicinales ou curatives, sauf les exceptions inscrites aux articles 8 et 12.

ART. 11. — Nul autre, etc..., *tenir en dépôt, préparer, vendre* ou distribuer en détail, etc.

ART. 12. — *Peuvent être librement vendus par des personnes, non munies du diplôme de pharmacien, certains médicaments simples d'un usage courant, ainsi que les plantes médicinales fraîches ou sèches dont la* liste *sera insérée au* Codex. Il ne sera plus délivré de certificat d'herboriste.

ART. 12. — *Peuvent être librement vendues par quiconque les plantes médicinales indigènes non vénéneuses, fraîches ou sèches, dont la liste sera insérée au Codex. Il ne sera, etc.....*

ART. 13. — Il est créé un corps d'inspecteurs de la pharmacie.

Les inspecteurs seront nommés par le ministère compétent sur la présentation du Comité

ART. 13. — Il est créé, etc...

consultatif d'hygiène de France.

Ils seront choisis parmi *les pharmaciens ayant exercé la pharmacie civile ou hospitalière.*

Il y aura au moins un inspecteur par département.

Les inspecteurs seront assermentés et devront résider dans le département dont l'inspection leur sera confiée.

Un règlement d'administration publique déterminera le mode et les conditions d'exercice de l'inspection.

Art. 14. — Les associations commerciales et industrielles, les sociétés de secours mutuels, les communautés, les établissements reconnus d'utilité publique possédant un personnel nombreux, peuvent avoir une pharmacie, pour leur usage particulier seulement, mais à la condition de la faire gérer par un pharmacien *qui en aura la direction effective et exclusive.*

Ne peuvent lesdits établissements, associations et communautés, vendre ni même distribuer gratuitement au dehors *les médicaments autres que ceux dont la vente est libre en vertu de l'article 12.*

Les pharmacies des hôpitaux et hospices *doivent être pourvues d'un pharmacien. Celui-ci est autorisé à délivrer gratuitement des médicaments, sur l'ordonnance d'un méde-*

Ils seront, etc....., *les pharmaciens de 1re classe ayant exercé pendant dix ans au moins la pharmacie civile.* Il y aura, etc......

Art. 14. — Les associations, etc...., *qui en aura la direction effective et exclusive et qui sera soumis à toutes les obligations imposées par la présente loi au pharmacien civil, notamment en ce qui concerne l'interdiction de tenir plus d'une officine, la déclaration au préfet, l'inspection, la patente, etc.*

Ne peuvent, etc..........., *au dehors aucun médicament autre que les plantes indigènes non vénéneuses dont la vente est libre en vertu de l'art. 12.*

Les pharmacies, etc........., *doivent être dirigées par un pharmacien de 1re classe. Ces pharmacies ne doivent vendre ou délivrer au dehors aucun médicament. Elles pourront* cin ou chirurgien des hôpitaux, aux malades qui se présentent à la consultation externe.

Art. 15. — Il est publié, tous les dix ans au moins, une édition de la *Pharmacopée légale* ou *Codex*.

Le *Codex* est rédigé en langue française.

Il renferme :

1° Pour les *médicaments usuels*, les formules et les modes de préparation qui doivent être rigoureusement suivis par les pharmaciens, afin d'assurer l'uniformité des produits dans toutes les officines ;

2° La liste des substances toxiques mentionnées à l'article 10 et la nomenclature de celles dont la délivrance ne pourra être répétée que sur une ordonnance nouvelle ;

3° *La liste des plantes, drogues simples et préparations* désignées à l'article 12 et dont la vente est entièrement libre.

Une Commission permanente instituée près les ministres compétents est chargée de la rédaction du *Codex* et, lorsqu'il y a lieu, de la publication des fascicules complémentaires.

Cette Commission sera com-

toutefois en délivrer gratuitement aux malades qui se présenteront avec un certificat d'indigence à la consultation externe.

Ces pharmacies seront, sauf pour la patente, soumises à toutes les obligations imposées aux officines civiles.

Art. 15. — Il est publié, etc.

1° Pour les *médicaments galéniques*, les formules, etc......

3° La liste des *plantes indigènes non vénéneuses* désignées, etc......

osée en nombre égal de pro-
esseurs des Facultés de méde-
ine, de professeurs des Ecoles
upérieures de pharmacie, et de
harmaciens tenant une offi-
ine.

*Deux vétérinaires en feront
partie.*

Tout pharmacien doit être
pourvu de la plus récente édi-
ion du *Codex* et de ses com-
pléments.

Jusqu'à ce qu'une nouvelle
édition du *Codex* soit publiée
conformément aux dispositions
de la présente loi, les listes ci-
dessus devront être annexées, à
titre de *supplément*, à l'édition
actuelle, qui ne pourra être
vendue sans être accompagnée
de ce supplément.

Art. 16. — Quiconque, sans
être pourvu d'un diplôme de
pharmacien délivré en France
conformément à la loi, *aura
exercé la profession de pharmacien* ou se sera immiscé par
coopération, association ou tout
autre accord dans l'exercice de
cette profession, en dehors des
cas prévus aux articles 5, 6 et
8 ci-dessus, sera puni d'une
amende de 500 à 3,000 francs.

*L'amende pourra être por-
tée* au double si le contrevenant
est médecin.

Art. 17. — La peine de l'article précédent est applicable :

1° A la veuve et aux héritiers
d'un pharmacien décédé qui

*Deux vétérinaires y seront
adjoints pour la seule rédaction des formules ayant trait
à leur art.*

Art. 16. — Quiconque, etc..,
*aura préparé, tenu en dépôt,
vendu ou distribué en détail
un ou plusieurs médicaments,
aura exercé la profession de
pharmacien, ou se sera,* etc....

L'amende sera portée au
double, etc....

Art. 17. — La peine, etc.....

auront contrevenu à l'art. 6 ;

2° A l'élève, autorisé par l'article 6, qui aura exercé en dehors des conditions dudit article ;

3° Aux directeurs, chefs ou administrateurs des établissements *autorisés à la gestion* d'une officine intérieure qui auront contrevenu aux conditions de cette autorisation ;

autorisés à la possession d'une, etc.....

4° Aux fabricants ou commerçants en gros qui auront, contrairement à l'article 11, *débité ou livré directement aux consommateurs des drogues ou préparations pharmaceutiques autres que celles dont la vente est libre aux termes de l'article 12.*

vendu ou délivré à d'autres qu'aux pharmaciens des préparations pharmaceutiques ou des drogues simples autres que les plantes dont la vente est libre aux termes de l'art. 12.

Art. 18. — Tout pharmacien qui se sera associé soit avec un médecin, soit avec tout autre personne, en contravention avec les dispositions de la présente loi, pour l'exploitation soit d'une officine, soit d'un remède isolé, sera puni de la même peine que le contrevenant.

Art. 19. — Tout pharmacien qui, même pourvu du diplôme de docteur en médecine ou d'officier de santé, aura simultanément exercé la médecine et la pharmacie, sera puni d'une amende de 200 à 2,000 francs.

Art. 20. — Sera puni d'une amende de 500 à 2,000 francs tout pharmacien qui aura sciemment délivré des médicaments ou des substances médicamenteuses reconnues détériorées ou falsifiées.

Ces produits seront confisqués et détruits aux frais du contrevenant.

ART. 21. — Toute infraction aux dispositions de la présente loi sera punie d'une amende de 16 à 1,000 francs, et ce sans préjudice des pénalités de droit commun en cas de crime ou délit.

ART. 22. — *L'article 463 du Code pénal est applicable aux condamnations prononcées en vertu de la présente loi.*

ART. 22. — *Les infractions aux différentes dispositions de la présente loi sont des contraventions justiciables des tribunaux correctionnels. L'article 463 du Code pénal ne sera jamais applicable aux peines prononcées en vertu de la présente loi.*

ART. 23. — Dans l'année qui suivra la promulgation de la présente loi, il sera rendu un règlement d'administration publique portant révision de l'ordonnance du 29 octobre 1846 et du décret du 8 juillet 1850.

ART. 24. — La présente loi est applicable à l'Algérie et aux colonies.

ART. 25. — Sont et demeurent abrogés :

1° L'arrêt du Parlement de Paris du 23 juillet 1748 et tous les arrêts, édits, déclarations et règlements qui y sont rappelés;

2° La déclaration du roi du 25 avril 1777 ;

3º La loi du 14 avril 1791 ;

4º Le titre IV (art. 21 à 38) de la loi du 21 germinal an XI ;

5º Les articles 41 à 46 de l'arrêté du 25 thermidor an XI ;

6º La loi du 25 pluviôse an III ;

7º Le décret du 25 prairial an XIII ;

8º Le décret du 18 août 1810 ;

9º L'ordonnance du 8 août 1816 ;

10º Le décret du 23 mars 1859 ;

11º Généralement, les dispositions des lois, ordonnances et décrets antérieurs qui seraient contraires à la présente loi.

Dispositions transitoires

Le diplôme de pharmacien de 2ᵉ classe, supprimé par la présente loi, sera néanmoins encore délivré aux élèves qui auront pris une ou plusieurs inscriptions de stage ou de scolarité avant la promulgation de la présente loi, mais dans un délai qui ne pourra dépasser huit années à partir de la présente promulgation.

Les pharmaciens pourvus du diplôme de 2ᵉ classe pourront

Dispositions transitoires (3)

Le diplôme, etc.....

Les pharmaciens pourvus du diplôme de 2ᵉ classe ne

---

(3) **Voir à la fin.**

exercer sur tout le territoire de la République.

pourront exercer, comme par le passé, que dans le département pour lequel ils auront été reçus.

---

(1) (2) (3). Dans le cas où serait adopté un amendement présenté par des hommes sages et fort compétents, amendement qui conserve les deux classes actuelles de pharmaciens, il y aurait lieu de supprimer les « dispositions transitoires » et de rédiger ainsi les articles 1 et 2.

Article premier. — Nul Français, etc. (comme au projet)... épreuves subies *devant les Ecoles supérieures de Pharmacie, les Facultés mixtes, les Ecoles de plein exercice, ou les Ecoles préparatoires de Médecine et Pharmacie, de l'Etat.*

Art. 2. — *Les Pharmaciens de première classe pourront s'établir sur tout le territoire de la République.*

Les Pharmaciens de deuxième classe continueront à ne pouvoir exercer que dans le département pour lequel ils auront été reçus.

DIJON. — IMPRIMERIE DARANTIERE, RUE CHABOT-CHARNY, 65

164

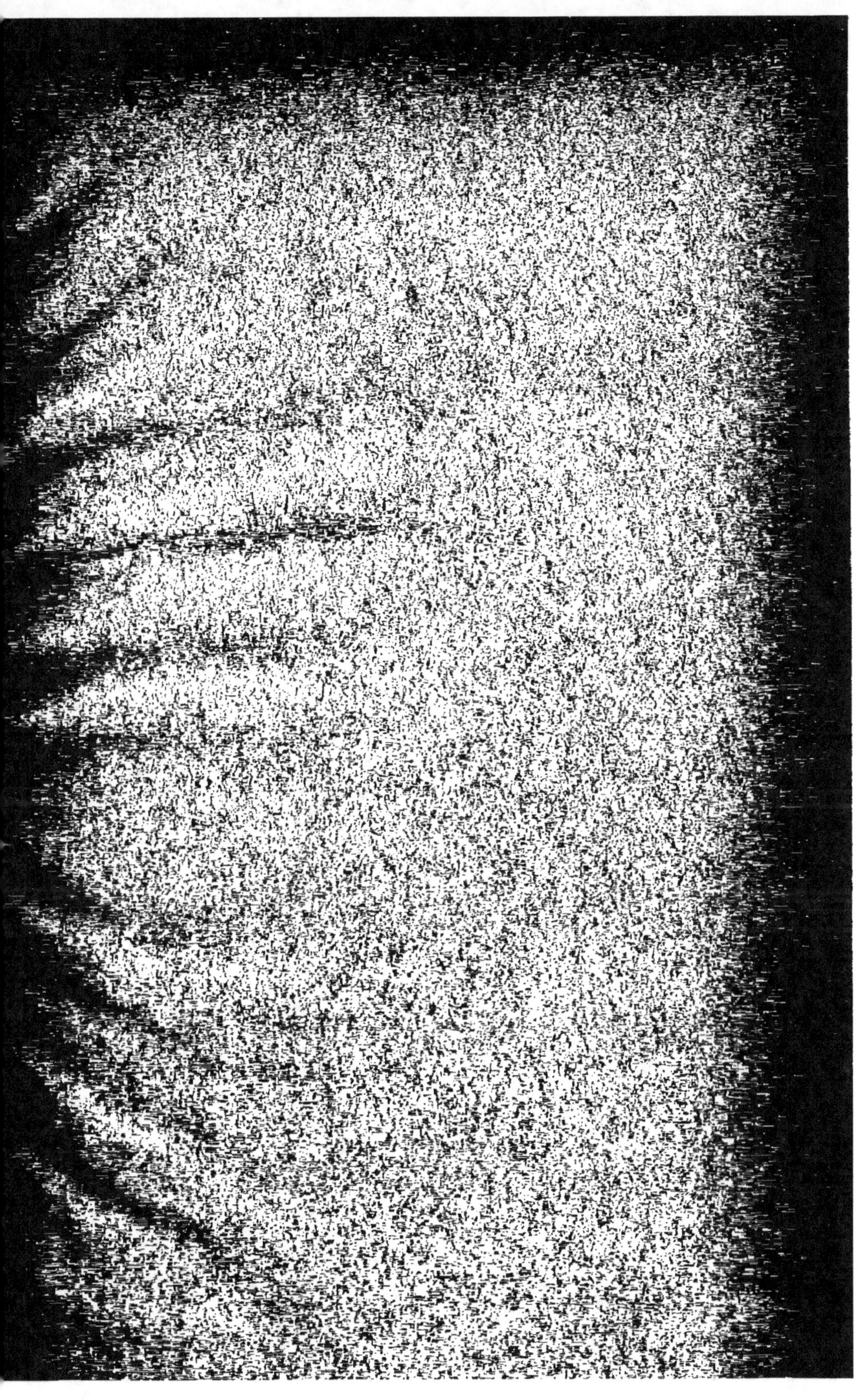